생각의 힘을 키우는
숨은 그림 찾기

생각의 힘을 키우는
숨은 그림 찾기

ⓒ 도서출판 창, 2017

2017년 4월 25일 1쇄 발행
2024년 10월 10일 10쇄 발행

그림·기획 | C.H. 퍼즐연구회
감수 | 강주현
엮음 | 편집부
펴낸이 | 이규인
편집 | 뭉클
펴낸곳 | 도서출판 창
등록번호 | 제15-454호
등록일자 | 2004년 3월 25일
주소 | 서울특별시 마포구 대흥로 4길 49, 1층 (용강동 월명빌딩)
전화 | (02) 322-2686, 2687　**팩시밀리** | (02) 326-3218
홈페이지 | http://www.changbook.co.kr
e-mail | changbook1@hanmail.net

ISBN : 978-89-7453-426-4 (73650)

정가 12,000원

이 도서의 국립중앙도서관 출판시도서목록(CIP)은 서지정보유통지원시스템
홈페이지(http://seoji.nl.go.kr)와 국가자료공동목록시스템(http://www.nl.go.kr/kolisnet)에서
이용하실 수 있습니다. (CIP제어번호 : CIP2017009392)

· 이 책의 저작권은 〈도서출판 창〉에 있습니다. 저작권법에 의해 보호를 받는 저작물이므로 무단 전재와 복제를 금합니다.
· 잘못 만들어진 책은 〈도서출판 창〉에서 바꾸어 드립니다.

생각의 힘을 키우는
숨은 그림 찾기

C.H. 퍼즐연구회 그림 | **강주현** 감수 | **편집부** 엮음

창
Chang Books

차례

숨은 그림 찾기 5
    정답 45

틀린 그림 찾기 47
    정답 87

미로 찾기 89
    정답 100

그림자 찾기 101
    정답 112

같은 그림 찾기 113
    정답 128

생각의 힘을 키우는
숨은 그림 찾기

▶ 숨은 그림 찾기

▶ 숨은 그림 찾기

▶ 숨은 그림 찾기

▶ 숨은 그림 찾기

▶ 숨은 그림 찾기

▶ 숨은 그림 찾기

숨은 그림 찾기 11

▶ 숨은 그림 찾기

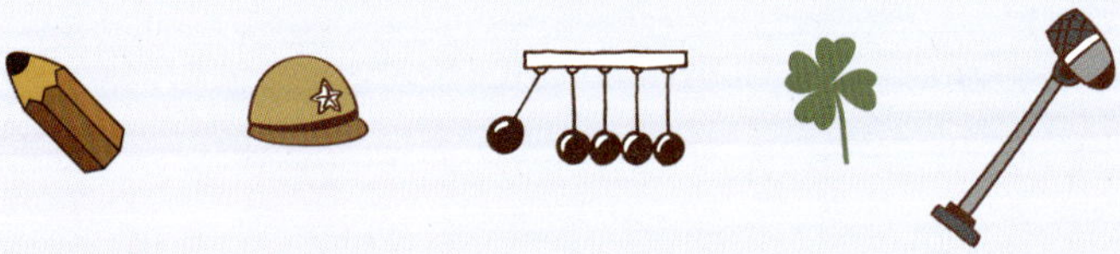

  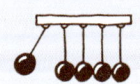  

▶ 숨은 그림 찾기

▶ 숨은 그림 찾기

14 숨은 그림 찾기

▶ 숨은 그림 찾기

숨은 그림 찾기 15

▶ 숨은 그림 찾기

▶ 숨은 그림 찾기

숨은 그림 찾기 17

▶ 숨은 그림 찾기

▶ 숨은 그림 찾기

▶ 숨은 그림 찾기

▶ 숨은 그림 찾기

▶ 숨은 그림 찾기

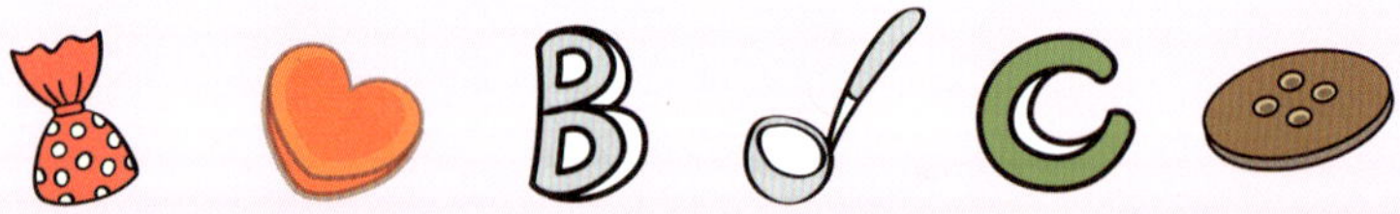

▶ 숨은 그림 찾기

▶ 숨은 그림 찾기

▶ 숨은 그림 찾기

▶ 숨은 그림 찾기

▶ 숨은 그림 찾기

▶ 숨은 그림 찾기

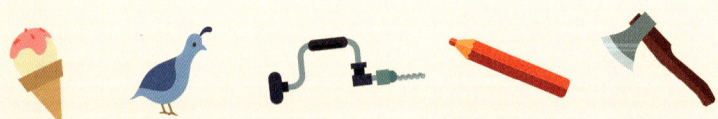

28 숨은 그림 찾기

▶ 숨은 그림 찾기

숨은 그림 찾기 29

▶ 숨은 그림 찾기

▶ 숨은 그림 찾기

▶ 숨은 그림 찾기

▶ 숨은 그림 찾기

숨은 그림 찾기 33

▶ 숨은 그림 찾기

▶ 숨은 그림 찾기

숨은 그림 찾기 35

▶ 숨은 그림 찾기

36 숨은 그림 찾기

▶ 숨은 그림 찾기

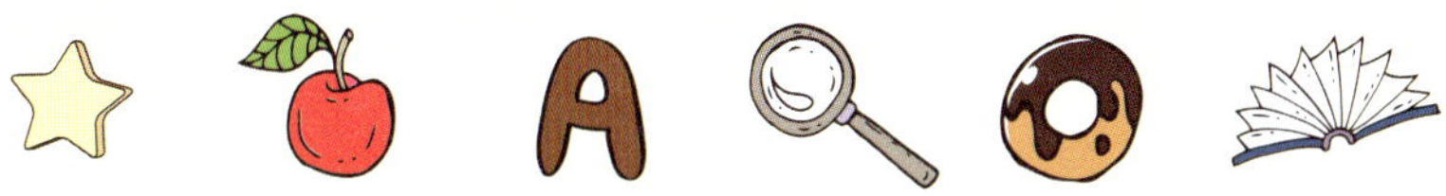

숨은 그림 찾기 37

▶ 숨은 그림 찾기

▶ 숨은 그림 찾기

▶ 숨은 그림 찾기

40 숨은 그림 찾기

▶ 숨은 그림 찾기

▶ 숨은 그림 찾기

▶ 숨은 그림 찾기

숨은 그림 찾기 43

▶ 숨은 그림 찾기

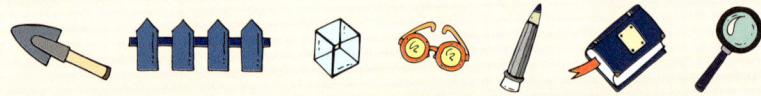

44 숨은 그림 찾기

정답

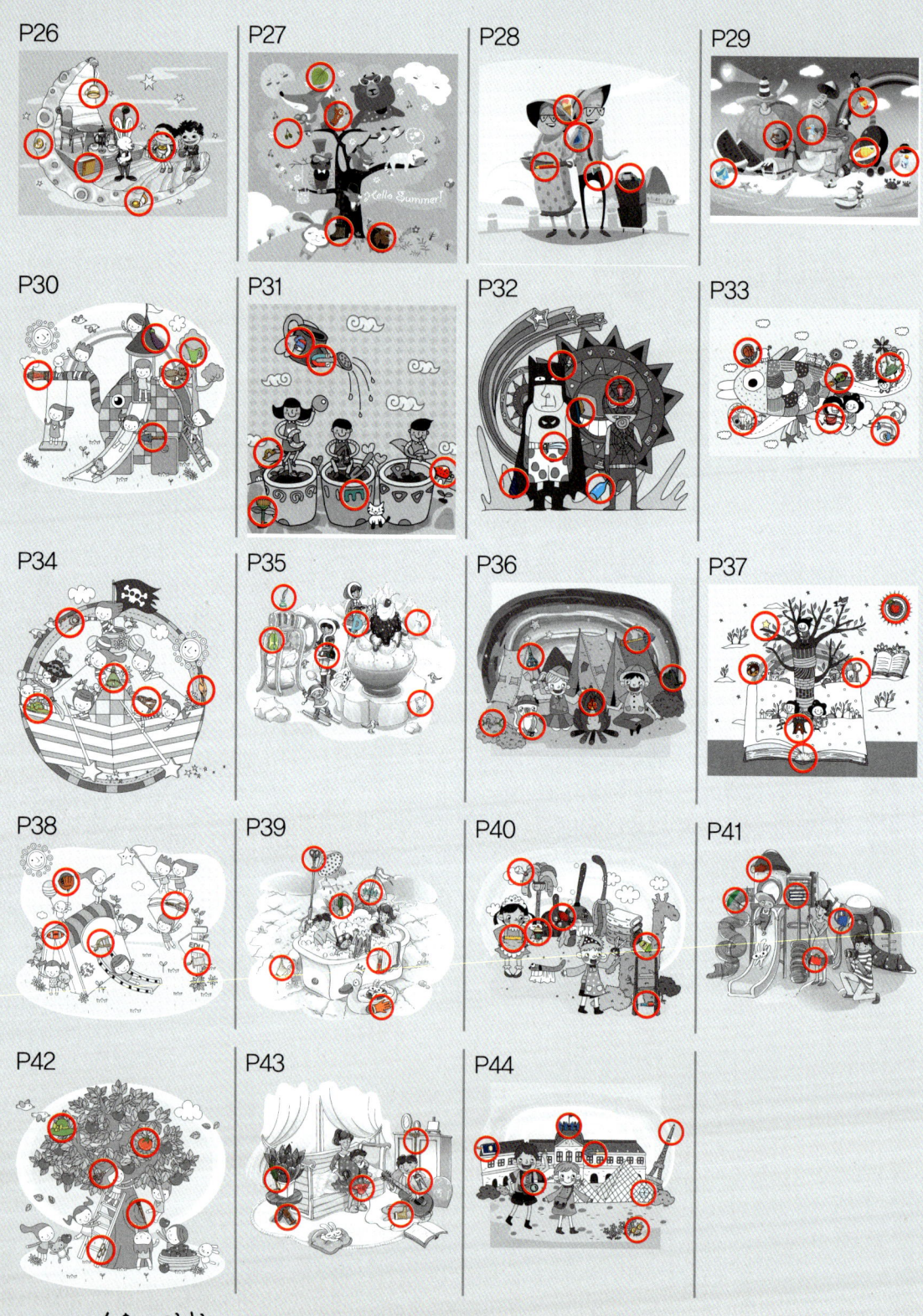

46 숨은 그림 찾기

생각의 힘을 키우는
틀린 그림 찾기

틀린 그림 찾기

서로 다른 **다섯 곳**을 찾으세요.

틀린 그림 찾기

서로 다른 **다섯 곳**을 찾으세요.

▼ **틀린 그림 찾기** 서로 다른 **다섯 곳**을 찾으세요.

▼ **틀린 그림 찾기** 서로 다른 **다섯 곳**을 찾으세요.

▼ **틀린 그림 찾기** 서로 다른 **다섯 곳**을 찾으세요.

▼ **틀린 그림 찾기** 서로 다른 **여섯 곳**을 찾으세요.

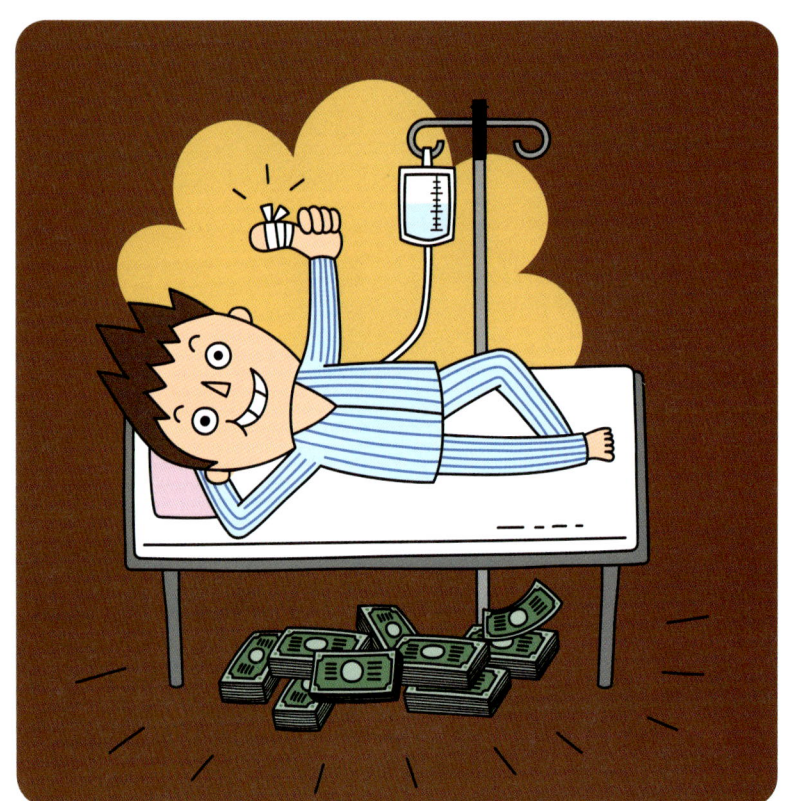

틀린 그림 찾기

서로 다른 **다섯 곳**을 찾으세요.

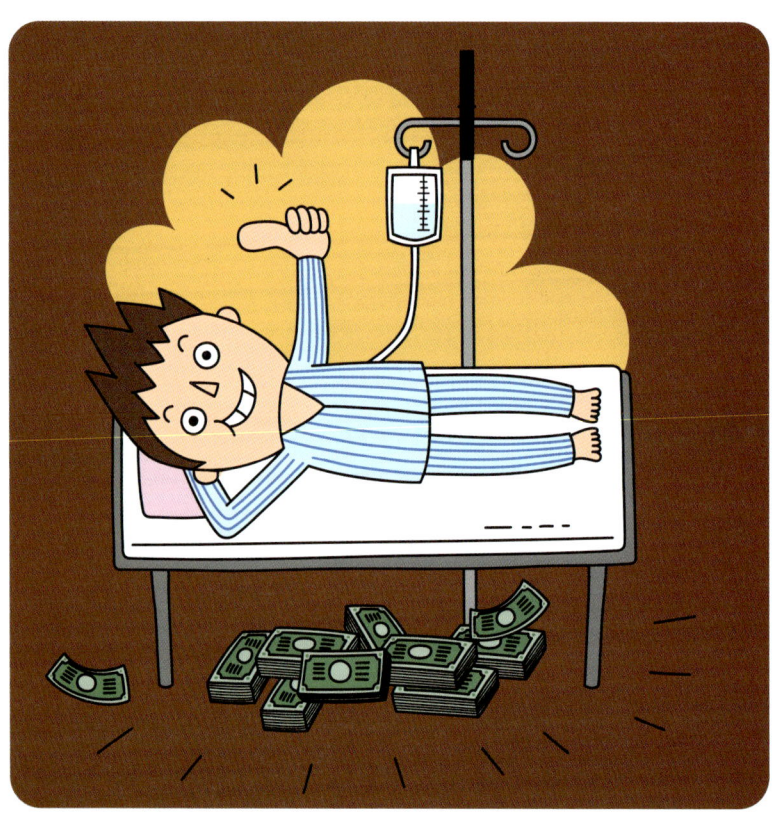

틀린 그림 찾기

서로 다른 **다섯 곳**을 찾으세요.

틀린 그림 찾기

서로 다른 **다섯 곳을** 찾으세요.

틀린 그림 찾기

서로 다른 **다섯 곳**을 찾으세요.

틀린 그림 찾기

서로 다른 **여섯 곳**을 찾으세요.

틀린 그림 찾기

서로 다른 **다섯 곳**을 찾으세요.

▼ **틀린 그림 찾기** 서로 다른 **여섯 곳**을 찾으세요.

▼ **틀린 그림 찾기** 서로 다른 **여섯 곳**을 찾으세요.

▼ **틀린 그림 찾기** 서로 다른 **다섯 곳**을 찾으세요.

▼ **틀린 그림 찾기** 서로 다른 **다섯 곳**을 찾으세요.

틀린 그림 찾기

서로 다른 **여섯 곳**을 찾으세요.

틀린 그림 찾기

서로 다른 **여섯 곳**을 찾으세요.

틀린 그림 찾기

서로 다른 **다섯 곳**을 찾으세요.

▶ 틀린 그림 찾기

서로 다른 **다섯 곳**을 찾으세요.

틀린 그림 찾기

서로 다른 **다섯 곳**을 찾으세요.

틀린 그림 찾기

▶ 서로 다른 **여섯 곳**을 찾으세요.

▼ 틀린 그림 찾기 서로 다른 **일곱 곳**을 찾으세요.

▼ 틀린 그림 찾기 서로 다른 **다섯 곳**을 찾으세요.

▼ **틀린 그림 찾기** 서로 다른 **다섯 곳**을 찾으세요.

▼ **틀린 그림 찾기** 서로 다른 **다섯 곳**을 찾으세요.

틀린 그림 찾기

서로 다른
다섯 곳을
찾으세요.

틀린 그림 찾기

서로 다른 **여섯 곳**을 찾으세요.

틀린 그림 찾기

서로 다른 **여섯 곳**을 찾으세요.

틀린 그림 찾기

서로 다른 **여섯 곳**을 찾으세요.

◀ 틀린 그림 찾기

서로 다른 **여섯 곳**을 찾으세요.

▼ **틀린 그림 찾기** 서로 다른 **여섯 곳**을 찾으세요.

틀린 그림 찾기

서로 다른 **다섯 곳**을 찾으세요.

틀린 그림 찾기

서로 다른 **다섯 곳**을 찾으세요.

▼ 틀린 그림 찾기 서로 다른 **다섯 곳**을 찾으세요.

▼ **틀린 그림 찾기** 서로 다른 **다섯 곳**을 찾으세요.

▼ **틀린 그림 찾기** 서로 다른 **여섯 곳**을 찾으세요.

틀린 그림 찾기

서로 다른 **여섯 곳**을 찾으세요.

▼ **틀린 그림 찾기** 서로 다른 **여섯 곳**을 찾으세요.

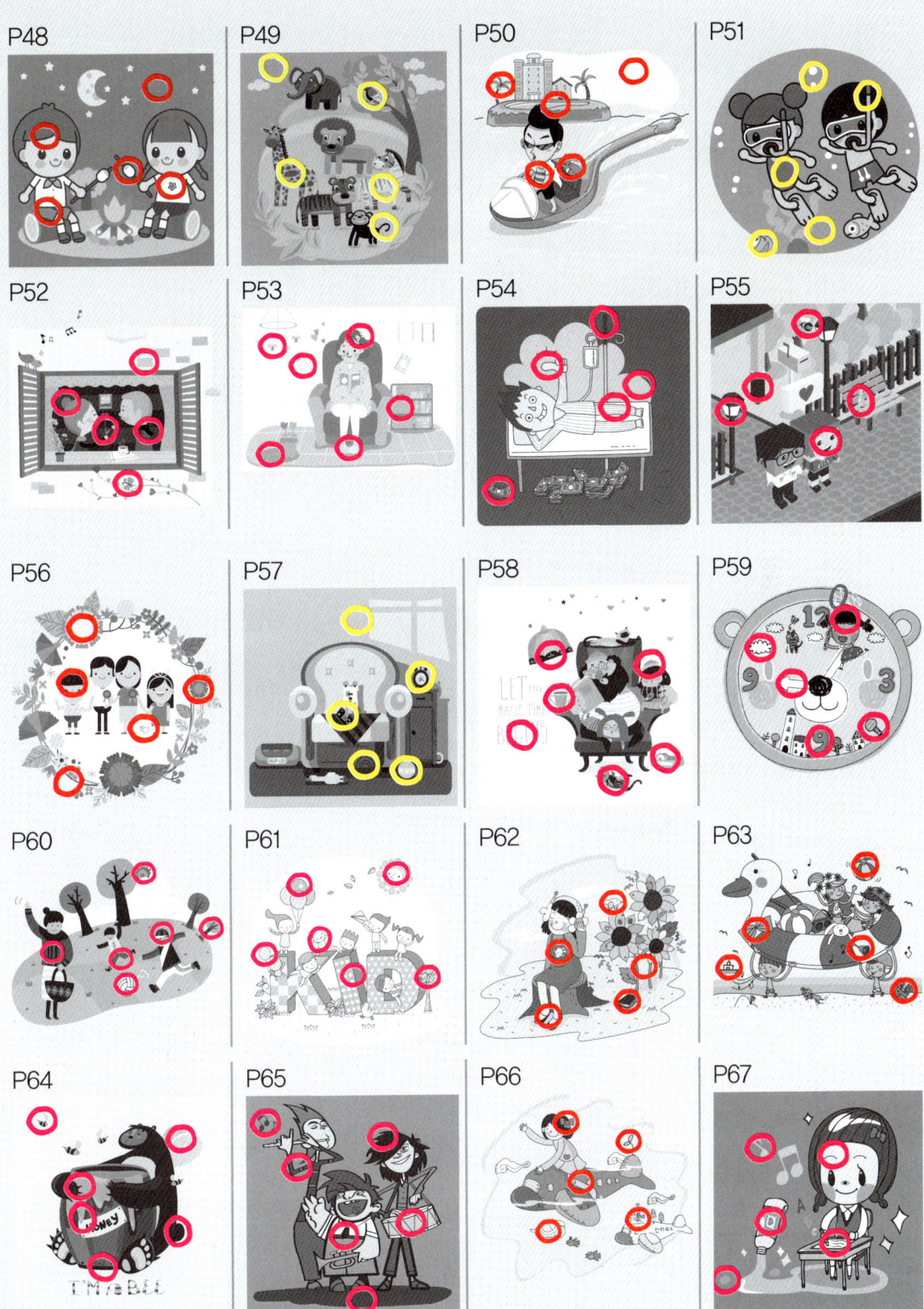

정답 87

정답

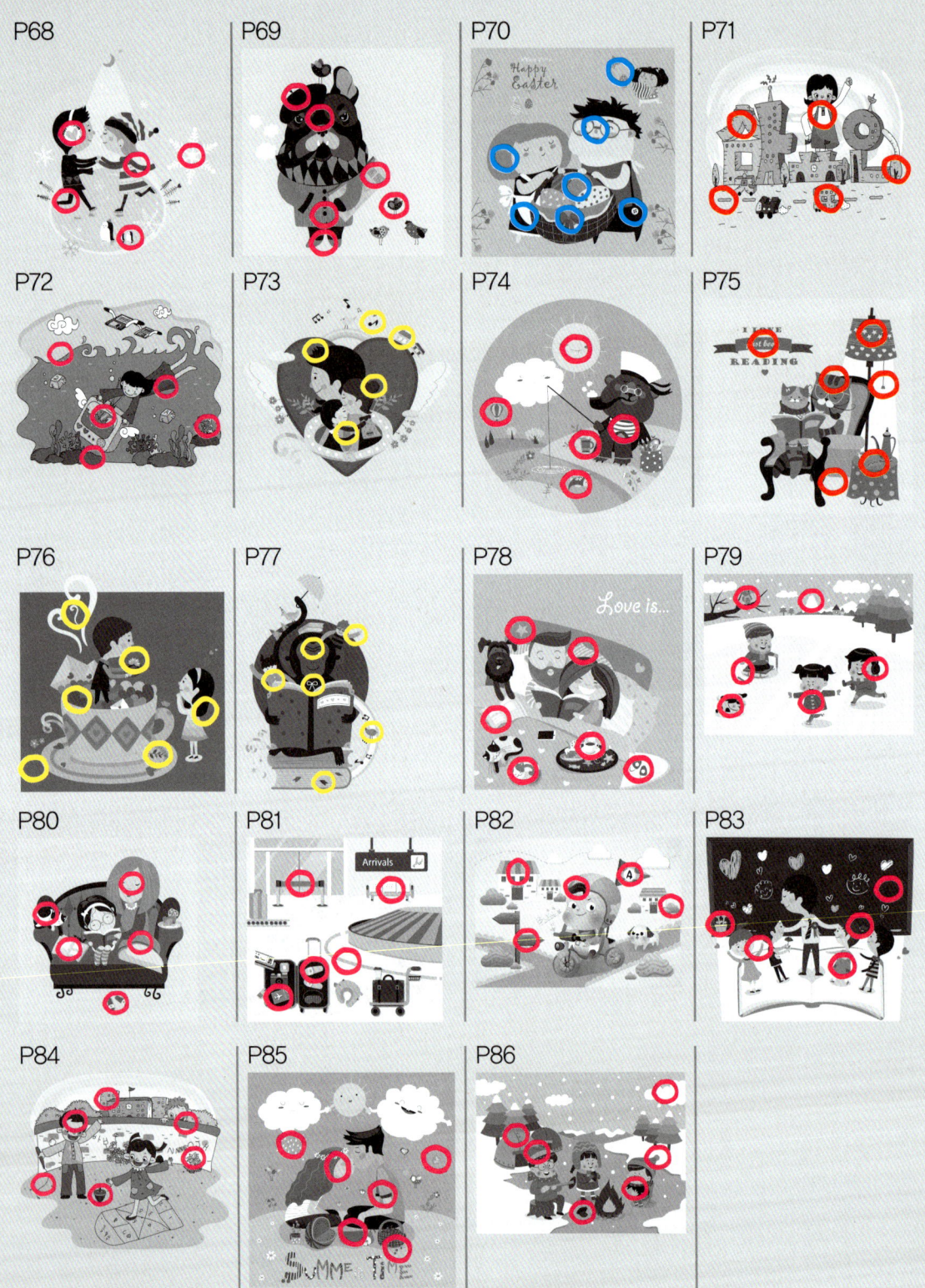

생각의 힘을 키우는
미로 찾기

▶ 미로 찾기

▶ 미로 찾기

▶ 미로 찾기

▶ 미로 찾기

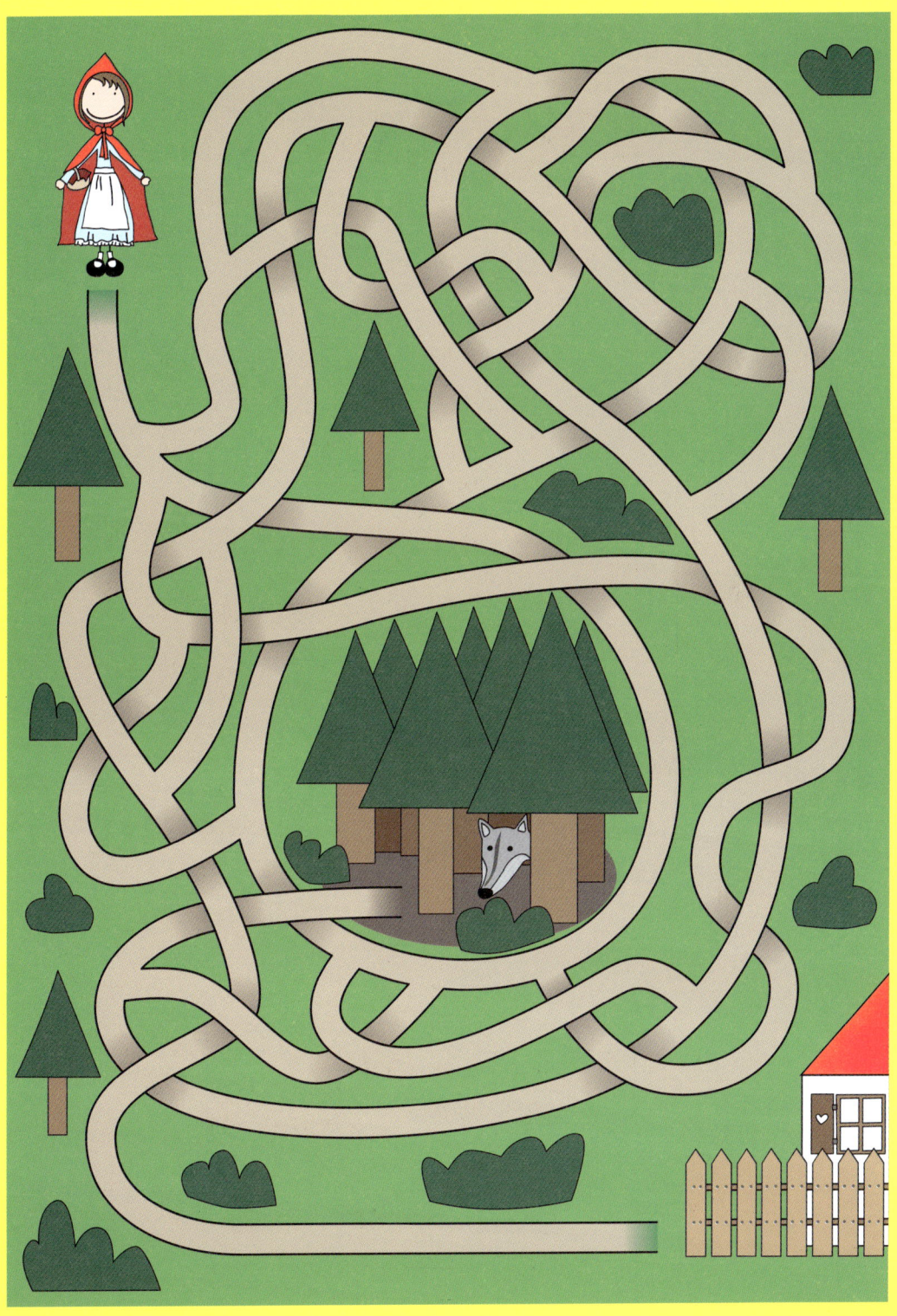

▶ 미로 찾기

▶ 미로 찾기

▶ 미로 찾기

▶ 미로 찾기

▶ 미로 찾기

▶ 미로 찾기

정답

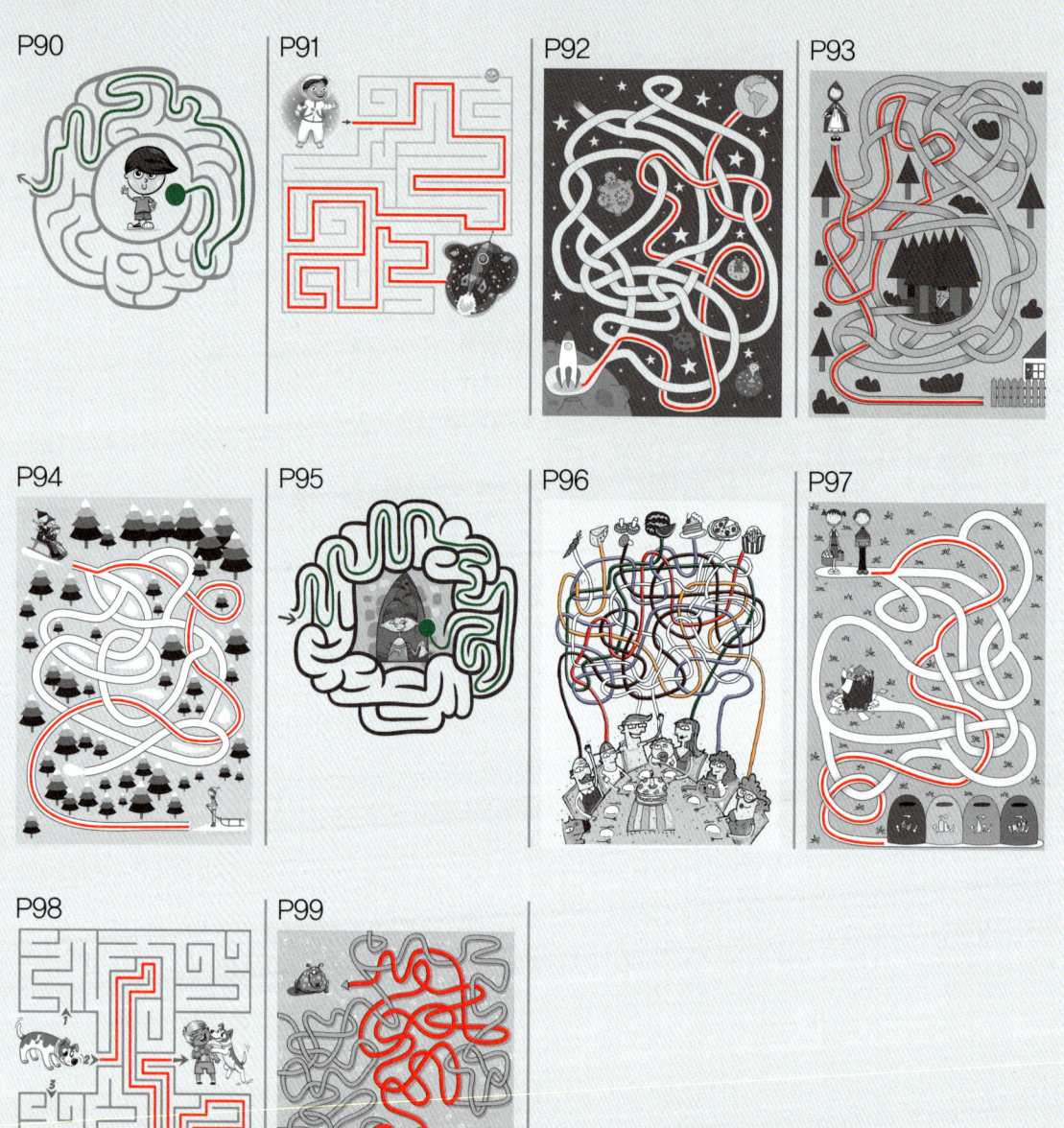

생각의 힘을 키우는
그림자 찾기

▶ 그림자 찾기

102 숨은 그림 찾기

▶ 그림자 찾기

▶ 그림자 찾기

104 숨은 그림 찾기

▶ 그림자 찾기

그림자 찾기 105

▶ 그림자 찾기

106 숨은 그림 찾기

▶ 그림자 찾기

▶ 그림자 찾기

108 숨은 그림 찾기

▶ 그림자 찾기

그림자 찾기 109

▶ 그림자 찾기

110 숨은 그림 찾기

▶ 그림자 찾기

정답

생각의 힘을 키우는
같은 그림 찾기

▶ 같은 그림 찾기

▶ 같은 그림 찾기

같은 그림 찾기 115

▶ 같은 그림 찾기

▶ 같은 그림 찾기

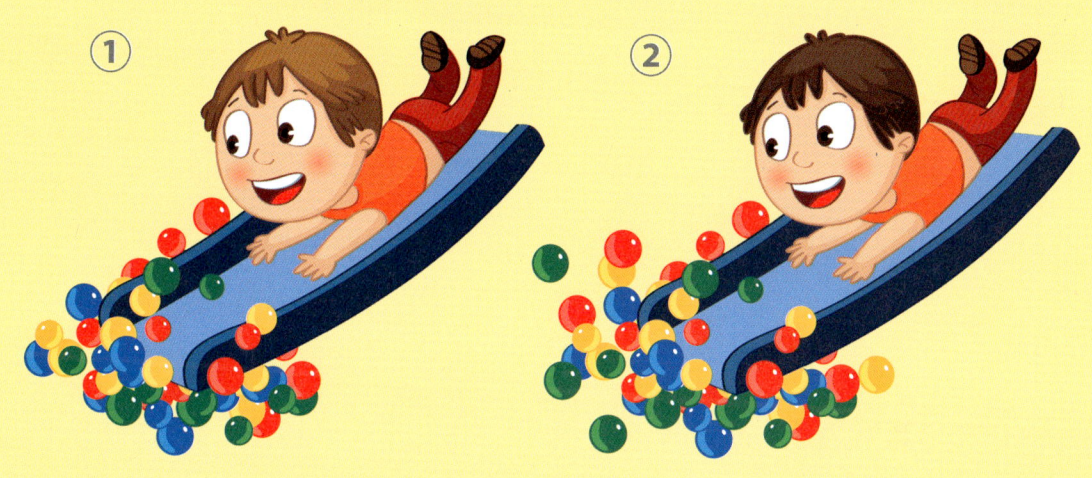

▶ 같은 그림 찾기

▶ 같은 그림 찾기

▶ 같은 그림 찾기

▶ 같은 그림 찾기

▶ 같은 그림 찾기

①

②

③

④

▶ 같은 그림 찾기

▶ 같은 그림 찾기

▶ 같은 그림 찾기

▶ 같은 그림 찾기

▶ 같은 그림 찾기

정답